글촌시인선 001

너의 우주로

유재원 시집

너의 우주로

초판 발행 2023년 7월 20일

지은이　　　　유재원
발행인　　　　김차중
발행처　　　　도서출판 글촌
출판사업본부장　유주한
마케팅 홍보　　김동길
일러스트　　　한미영
인쇄　　　　　예원프린팅

신고번호 제2022-00235호
주소 서울특별시 마포구 양화로 133 서교타워 708호
전화 02-325-3726　**팩스** 070-7596-3725
전자우편　원고투고: hanll@naver.com

ⓒ 유재원, 2023

ISBN 979-11-981313-2-4
ISBN 979-11-981313-1-7　(세트)

◎ 이 책에 실린 글과 이미지는 저작권법에 의해 보호를 받는 저작물입니다.
◎ 파본은 구입하신 서점에서 교환해 드립니다.
◎ 책값은 뒤표지에 있습니다.

너의 우주로

유재원 시집

머리글

쉼 없이 허공을 젓지 않으면 추락하는, 작은 새의 날갯짓이 거대한 혁명을 이끄는 힘이라고 믿으며.

긴 겨울, 아침 추위가 싫어 아랫목 꽃무늬 이불 속에서 꼼지락거리다 마지못해 빠져나온 글을 모았다.

사람들이 흔히 말하는 '저 사람 성질나면 무서워.' 이런 마음 꾹꾹 누르고 새봄 사러 먼 시골 오일장 가는 마음으로 묶었다.

제비는 날지 않아도 봄이 제비꽃 위에 앉아 있다. 바람이 불지 않아도 바람꽃은 저 혼자 흔들렸다. 매일 밤비가 내리면 한 번은 젖고 싶다.

2023년 여름,

유 재 원

머리글 · 05

제 1부 일기예보

이별 · 14

봄 속에서 · 15

둥구나무 전설 · 16

중고시계 · 18

빈자리 · 20

제비와 낮달 · 21

우선멈춤 · 22

붕어빵 · 24

해바라기 · 26

꽃잎 우는 날 · 27

일기예보 · 28

겨울 부두에서 · 30

언니 · 32

겨울 아침 · 33

꽃무늬 이불 · 34

다리 건너 사람들 · 36

제 2부 꽃잎과 나비

등대 • 40

공회전 • 41

초상(初喪) • 42

항아리손님 • 44

가을바람 • 46

바보 새 • 47

신작로 부역 • 48

눈사람 • 50

바람꽃 • 52

오월 보리밭 • 53

단칸방 • 54

물맛 • 56

불면의 집 • 58

꽃잎과 나비 • 59

무덤 • 60

현대인 • 62

제 3부 목줄 끊고 도주하다

미래의 사랑 • 66

병따개 • 67

목줄 끊고 도주하다 • 68

맹지와 개망초 • 70

참꽃 • 72

창밖은 비 • 73

춘화현상 • 74

인생 위에 핀 꽃 • 76

어둠의 명령 • 78

아침 안개 • 79

채송화 • 80

매화 • 82

봄이 오는 길 • 84

돌 톱날 • 85

풀씨에도 핏줄이 • 86

뻴기 풀 • 88

제 4부 너의 우주로

꽃잎의 문 • 92

밤별 • 93

꽃무릇 • 94

달밤에 • 96

필연 • 98

사랑과 이별 • 99

정오 • 100

너의 우주로 • 102

꿈속의 그대 • 104

마음의 편지 • 105

호수의 태양 • 106

나비의 부활 • 108

기도 • 110

어탁 • 111

채석장에서 • 112

죽음 같은 더위 • 114

제 5부 메마른 도시

무심 • 118

이런 말 • 119

메마른 도시 • 120

달의 소멸 • 122

야인 • 124

소나기 • 125

뗏목의 노래 • 126

오늘밤 • 128

꽃상여 • 130

순리대로 • 131

기압골 • 132

살다 보면 • 134

겨울이 떠날 때 • 136

노후대책 • 137

어둠에서 • 138

동강 난 버드나무 • 140

제 1부 일기예보

이별

당신이 주고 간
사랑에 넘어집니다

당신이 두고 간
그리움에 넘어집니다

꽃길을 비켜서
가시밭길 걸어왔는데

별 하나 눈물 속에 묻고
숨죽여 살아왔는데

한눈팔다 넘어질 게
아직도 남아있을까요

봄 속에서

가슴이 아직
꽃향기에 젖지 않았는데
봄이 나를 두고 갑니다

사랑이 아직
노을에 물들지 않았는데
내 몸이 휘청거립니다

바람 부는 세상
풀잎이 얼마나 흔들렸으면
낮달이 하얀 멀미할까요

저 혼자 사는 것처럼
봄꽃이 소리 없이 집니다
사랑이 남모르게 떠납니다

둥구나무 전설

1
마을 어귀 둥구나무에 봄볕 드는데
노인이 담뱃대를 물고 혼자 중얼거렸다
잎이 나무 위부터 돋아나면 풍년 들고
잎이 나무 아래부터 돋아나면 흉년 든다

쪼그리고 앉은 양지는 따뜻한데
노인이 담뱃재를 털며 다시 중얼거렸다
까치가 높은 곳에 둥지 틀면 태풍이 없고
까치가 낮은 곳에 둥지 틀면 태풍이 온다

2
밑바닥부터 중간까지 속 빈 나무는
세월이 등골 빼먹은 생명의 흔적
숭숭 뚫린 바람 집에 구렁이 한 마리 살았고
새끼 친 까치는 늘 구렁이가 무서워 울었다

까치 우는 풍문을 전해 들은 아이들은
둥구나무 곁에 다시는 얼씬거리지 않았지만
흰소리 그만하라는 노인의 말에
점차 배회하는 곳은 둥구나무 근처였다

3
보이지 않는다고 없는 게 아니었다
물처럼 낮은 곳으로 흐르는 사랑의 소원
누군가는 둥구나무 어둠을 헤집었고
마을에는 둥근 달처럼 배불린 처녀가 생겨났다

부끄러운 소문에 대꾸하지 않는 마음
두 사람은 한 사랑을 겨드랑이에 끼고 떠났다
하룻밤 사이 마을 풍경을 모두 지운 안개도
고목의 전설을 흰 어둠 속으로 끌고 가지 못했다

중고시계

매일 태엽을 감아주는 손목시계
방수가 되지 않아 노상 물 조심해도
가다가 멈추면 분해소지 하는 시계
기다림에 빠진 믿음은 어디서 왔을까

서로 톱니를 물고 돌아가는 일상
누군가는 늙어서 편하다고 말했지만
이를 어쩌나 시계가 고장 날 때마다
분해소지 없는 청춘이 그리운 걸

하루만 외면해도 죽고 마는 중고시계
습관대로 한 끼니의 태엽을 감아주고
느슨해진 관계를 다시 들여다보면
어쩌면 좋아 아직도 정상 작동하는 걸

손목에 붙어 뛰는 맥박이 지쳤어도
점점 빨라지는 나이의 시간

현장에서 시간을 오차 없이 끄집어내는
시계의 고단한 영혼은 언제 휴식할까

빛바랜 나이를 짚어주는 중고시계가
날마다 거북한 속을 움켜쥐고 돌아가도
아예 분해소지를 잊고 사는 황혼
누군가는 대문 밖이 저승이라고 말했다

빈자리

나를 비켜 간 사랑이
가슴 한가운데 구멍 뚫었다

왔던 길로 돌아가는 철새가
그게 이별이라고 말해 주었어도

머물기가 떠나기보다 어려워
있는 그대로 두고 보는 빈자리

의자에 앉아 있는 기다림은
풍경일 뿐 아무 상관 없었다

제비와 낮달

제비가 보릿고개 넘어왔다
낮달이 놀라 몸을 구름 속에 숨겼다

제비가 처마 밑에 흙집을 지었다
낮달이 갈아엎은 논배미 내려다보았다

제비가 보리밭을 수평으로 날았다
낮달이 덜 익은 보리 꺾어 피리 불었다

제비가 벌판을 지나 바다 건너갔다
낮달이 빈 하늘을 파래지도록 닦았다

우선멈춤

되돌릴 수 없는 시간 한가운데
아침을 밟고 출발한 사람들은
어수선한 현실을 헛짚은 듯
우선멈춤 표지 앞에서 기웃거렸다

붉은색을 비춰주는 신호등은
언제 공격 명령을 내릴 것인가
비틀거리다 땅에 부딪혀
불꽃 틔우는 부싯돌 같은 생이
정지 중에도 충돌의 눈치를 살폈다

신호등이 진로를 바꿔주어도
구속에서 벗어나는 여행은
오직 채찍질 피해 달아나는 질주
목적지 중간에서 멀미하게 하는
내 꿈도 내 것이 아닌 현실이

가슴에 고인 짜증을 밀어 올렸다

부유물로 떠 있는 고독의 정체
사람들이 파란 꽃잎을 원해도
신호등에는 붉은 꽃잎이 피어 있어
사거리 앞에 머무는 한 생애가
쉼 없이 출발하는 조급증을 앓았다

붕어빵

틀 속에 반죽을 채우는 노동으로
분명히 늦게 태어난 붕어지만
먼저 태어난 붕어와 구별할 수 없다
더이상 뜨거운 탄생을 시비하지 마라

육고기가 걸려있는 정육점과 달리
달궈진 무쇠 틀 뚜껑이 열릴 때마다
오늘의 요리와 상관없는 나체로
정해진 순서대로 단순하게 탄생하는 몸

비켜 갈 수 없는 길거리 좌판에서
지칠 때까지 반복해 찍어내는 붕어빵
물이 고향이라는 걸 모르는 사람은
강물을 거슬러 가는 꿈 깨뜨리지 마라

고단한 일상이 질서와 충돌하면
거리는 어느새 노을이 군불 지피는 시간

뜨거움으로 재현한 물고기 형상이
밀 꽃향기로 사람들의 입맛을 붙잡았다

미리 원하는 결론을 정해놓은 틀에서
인간의 법으로 제조하는 붕어빵
색색으로 몸을 파는 꽃도 아닌데
추억 뜯어 먹는 입맛의 가격을 깎지 마라

해바라기

밤비 내려도 별일 아니라고
벌거숭이 몸을 적시는 해바라기

부는 바람이 마음을 흔들어도
오직 태양만을 바라보는 해바라기

아침부터 그대 기다리는 가슴에
빛의 화살이 날아와 까맣게 박혔다

꽃잎 우는 날

혼자 뒤척이던 밤이 가고
풀잎 이슬이 몸살 앓는 시간이면
꽃은 나비가 날기 전에 피는가 보다

여러 겹 두른 옷자락 들치고
날 선 창으로 찌르는 바람
아무래도 꽃잎 하나 병들었나 보다

밤새도록 어둠에 붙어 있다가
아침 문이 열릴 때 떨어지는 별
꽃잎은 바닥에 누워서 우는가 보다

일기예보

눈앞에서 흩어지는 구름이
그늘을 시큰둥하게 드리웠어도
뼈마디마다 도지는 신경통에
부피를 따질 것도 없이 팽창한 바람
된바람은 북쪽에서 부는 눈구름이고
마파람은 남쪽에서 부는 비구름이라고
내일을 알 수 없는 사람들이
일상에 필요한 원칙만 지껄였을 때

서쪽 하늘이 아침 무지개를 보였다
땅에 깔린 연기가 기어갔다
연신 물고기가 입 내밀고 숨을 쉬었다
청개구리가 큰 목소리로 울었다
날개가 무거워진 새들이 낮게 날았다
멀리 있는 산이 선명하게 다가왔다
양떼구름이 서서히 먹구름으로 변했다

결국 개미 행렬이 내일은 비라고 전했다

풀잎 비린내가 비의 냄새였을까
살아온 날보다 살아갈 날이 소중한
가슴에 돌을 던지지 않으면
파문이 일지 않는 연못의 마음
얼룩진 빗물 흔적을 남김없이 닦아내고
바람이 물러간 허공을 바라보면
내일은 맑음 손잡고 소풍 가기 좋은 날
어둠에서 눈 뜬 별이 가만히 말했다

겨울 부두에서

뱃머리 돌려 부두로 돌아오는
낡은 고깃배를 바라볼 때
송곳니가 흉측하게 박힌
찬바람이 하루 종일 불어대고
겨울은 나에게 찬 빛을 뿌렸다

일체의 생명을 거부하는
빙하처럼 곧바로 얼어붙으리라
보이는 모든 것이 사라지도록
비린내를 덮는 흰 눈이 내리리라

검은 바다 한가운데에서
놀란 표정으로 밀려온 파도가
식은 가슴을 헤집는 겨울 부두
남은 여정도 희미해지는데
철새처럼 돌아갈 곳은 어디인가

배가 돌아오는 겨울부두에
새둥지 같은 집을 짓고 싶다
단 한 번 뜨겁게 태운 사랑으로
녹슨 난로에 불을 지피고 싶다
한곳에 머무를 수 없는 바람이
소리치는 나를 밀어내고 있다

언니

입 하나 덜어내려고
언니는 서울로 식모살이 갔다
완행열차가 떠날 때까지
자꾸만 뒤돌아보며 울고 갔다

비어있는 문간 편지함
기다림이 물처럼 흐르는 밤
언니는 객지에서 무슨 꿈 꿀까
밤새도록 별들이 뒤척였다

오늘도 울타리에 앉은 텃새가
언니 생각을 건드렸다
꽃물 들인 손톱 바라보는 눈에
매운 연기가 종일 스며들었다

겨울 아침

밤새도록 문풍지 울어도
기우뚱한 문틀 사이로
찬바람이 쉼 없이 들어왔다

바위처럼 무거워진 공기
불 꺼진 아궁이를 짐작하며
식은 방바닥을 더듬고는
이내 메마른 몸을 움츠렸다

솜이불 속을 파고들어도
좀처럼 가시지 않는 한기
산새들은 지금 어디 있을까

권련을 입에 문 아버지가
성냥 몇 번 그었을 때
바깥이 내다보이는 유리창에
게으른 아침 햇살이 찾아왔다

꽃무늬 이불

말 못하고 속 그을리던 시절
회 부대 종이 바르고 콩물들인
아랫목에 누운 할머니는
꽃무늬 이불 덮고 굽은 허리를 지졌다
바깥에서 뛰놀다 들어온 아이들은
군데군데 해진 솜이불 들추고
누구 할 것 없이 시린 발을 디밀었다

햇빛이 창문을 들여다보는 시간
이불 속 온기는 시린 발로 옮겨가고
바깥이 몹시 궁금한 아이들은
조바심에 다시 썰물처럼 빠져나갔다
세상일이 답답해 뒤척이던 할머니는
굽은 허리 부축해주는 지팡이 짚고
흰 고무신 끌며 이웃집으로 마실갔다

지금은 아무도 없는 빈자리
할아버지 먼 산에 묻고 온 날부터
아랫목을 차지한 솜이불 기억 속에는
한 사내를 작은 가슴으로 품어주던
한 여자의 꽃잠이 자리하고 있다
별에게 소원을 띄워 보낸 흔적
그날의 꽃무늬가 저 혼자 웃고 있다

다리 건너 사람들

칼 대지 않아도 스스로 갈라진
수박 속살 같은 저녁노을 지고나면
하루 종일 달아오른 사랑도
어둠을 통과할 때는 하나의 별빛

길가에 핀 꽃잎이 흐드러져도
지금은 현실을 밟고 사는 객지
어린 시절을 먼 기억 속에 묻고
울음을 잃어버린 사람들은
외로움을 빼면 남는 게 없다고
애꿎은 달을 불러내 화풀이했다

물소리가 하얗게 달라붙은
유리창에 달그림자가 서성거려도
다리 건너 사람들은 언제부터인지
이런 일은 아무것도 아니라고
풀벌레 울음 엿듣는 고요를 밀어냈다

햇살이 미지근하게 내리는 아침
불어터진 군둥내의 기다림이
하얗게 녹아내린 소금꽃이라고
다리 건너 사람들은 눈치 없이
잃어버린 고향의 편지를 기다렸다

제2부 꽃잎과 나비

등대

지독한 외로움 속으로
별 하나 떨어지는 순간
파도가 뱃길을 헤집었다

죽음보다 두려운 침몰
어둠을 저어가던 밤배가
생의 길을 잃어버렸다

무엇이 바다의 혼돈인가
오직 직진뿐인 등대불이
떠도는 침묵을 비춰주었다

공회전

살며 누구를 위하여
여기까지 숨차게 달려왔는가
잠시 그늘 아래서 쉬어가는
휴식 시간에도 생은 늙어갔다

가속도로 달려와
신호등 앞에 정지한 자동차
속 태우는 공회전으로
목적지에는 도착할 수 있을까

인연의 가시 하나 빼내다
상처가 아파 울어버린 사연
움직일수록 통증이 심한
가슴의 시간이 혼자 돌고 있다

초상(初喪)

1
태어나 세상 구경하는 사이
세월이 던진 돌에 맞은 사람 있고
식솔 두고 떠나는 것이 이별인지
아침부터 처량한 곡소리 들렸다

한동안 육신을 가렸던 헌옷
흰 저고리가 지붕 위에서 펄럭일 때
술 석 잔 부어놓은 저승사자 상 곁에
짚신 세 켤레를 가지런하게 놓았다

2
지난밤에 내가 죽고 말았는지
평생 지고 살았던 멍에가 가벼워졌다
천년만년 살 것이라고 노상 말했지만
지금까지 나이테 몇 줄 그었을 뿐이다

힘겹게 생의 무게를 늘리던 욕심이
밀려오는 졸음을 견디다 결국 잠들었다
바람 불때마다 시렸던 감각구멍
하얀 솜으로 물샐 틈 없이 틀어막았다

3
아무것도 모르고 혼자 골아떨어진
몸이 얼음장처럼 식었을 때
옆자리에 천연덕스럽게 누워있는 영혼
바람이 달려들어 가볍게 끌고 갔다

꽃잎이 추락하는 수직의 한계
하루만 더 살게 해달라고 하소연했어도
결국 허공으로 덧없이 날아간 목숨
차라리 뼈 깎는 삶이 신의 은총이었다

항아리손님

창문을 비집고 들어온 달빛이
잠든 얼굴을 건드렸는지
심란한 밤의 시간은 더디 흐르고
귀밑이 물먹은 꽃솜처럼 부어올랐다

바라볼 때마다 가슴 두근거리는
마음 한 조각 벽에 걸어놓은
평면거울을 세심히 들여다보면
아픔을 위로해도 소용없는 원색의 꽃
열꽃을 간직한 항아리손님이 웃고 있다

아침부터 눈깔사탕 하나 입에 문
때늦은 사랑앓이가 산불로 번져도
못내 꺼림직한 통증을 참으며
새소리 듣는 기분으로 볼을 문질렀다

오늘따라 반갑지 않은 손님
공기놀이하던 손으로 어루만지다
아픔이 쉽게 가시지 않는 귀밑 살에
갈증을 태운 숯 검댕이 풀어놓은 냉수
먹물을 붓에 찍어 동그랗게 발랐다

사랑의 배를 타고 떠난 항아리손님
생각만 해도 한쪽 볼이 얼얼한
작은 가슴에서 고동치던 어린 시절이
달빛 창가에 앉아 긴 밤을 지새웠다

가을바람

누가 어깨를 건드렸다
돌아다보니 손 없는 바람이었다

무엇이 발밑에서 바스락거렸다
내려다보니 발에 밟힌 낙엽이었다

하늘을 가린 구름의 시간도 잠시
어느새 허공을 저어가는 낮달

한 줌 움켜쥘 수 없는 바람이
가을 타는 마음을 길게 흔들었다

바보 새

날개 있어도 날지 못하고
하루 종일 그대 기다리는 새

밤하늘에 별꽃이 피어나도
떠난 사랑 못 잊어 우는 새

보내지 않으면 안 될 이별은
슬픔이 넘치는 눈물단지인데

오늘이 가면 그대 돌아온다고
긴 긴 밤을 지새우는 바보 새

신작로 부역

한 집에 한 명씩 부역 나오시기 바랍니다

새 옷으로 갈아입은 봄의 나른한 춘곤증
은행나무가 마주보고 눈을 떴을 때
마을회관 지붕에 걸터앉은 스피커가 명령했다

악몽 속에 갇혀 도저히 움직일 수 없는
가위눌림은 무의식이 흐르는 현상
사람들은 저마다 연장 하나씩 들고 나섰고
대낮에도 두려움에 머리가 쭈뼛해지는
공동묘지 관통한 신작로 보수공사를 시작했다

어쩌다 한번 자동차가 지나가면
흙먼지가 안개같이 흩어지는 신작로
시간이 파놓은 구덩이마다 자갈 몇 삽 붓고
높낮이가 일정하도록 발로 밟아 다졌다

죽음을 갉다 제 색깔을 상실한 흔적
주인 없는 무덤처럼 잡풀이 무성한 흙을 떠내
미래 시대로 이동하는데 걸리적거리는
길 위의 상처를 옛날 방법 부역으로 메웠다

부역에 땀 흘리면 삼대가 빌어먹는다

저마다 구역을 지정해준 건 아니어도
메울 것 다 메워야 비로소 보이는 마음의 길
죽음을 묻은 무덤과 직선거리 닦는 일은
누구에게 물을 것 없이 따라 하면 그만이었다

눈사람

함박눈이 펑펑 쏟아지는 날
잠시 걸음을 멈추고 서 있었더니
생각지도 못한 눈사람이 되었다

허공을 저었던 욕심의 손
가끔 발 저림으로 주저앉았던 다리
누구 한 사람 붙잡지 않았는데
아예 움직임을 잃어버리고
겨울잠 자는 짐승이 되고 말았다

지난 겨울에 떠난 사람 기억하며
대충 뭉뚱그려 빚은 눈 속의 사람
빙판 길을 걷다가 넘어져도
접질릴 뼈마디가 없는 겨울사람
끼니때마다 빈속을 채워주지 않아도
불린 배를 내밀고 서 있는 눈사람

세상을 덮어주던 함박눈이 그치고
햇빛이 가시처럼 피부를 찌르면
그대로 서서 하얀 피 흘리는 몸으로
쉼 없이 눈길 걷는 여행을 꿈꾸었다

더이상 앞으로 나갈 수 없는 현실
여기까지 걸어온 까닭은 무엇일까
사람들이 가로거친다고 발로 걷어차면
차이는 대로 부서지고 마는
눈사람이 찬바람 불면 몸을 움츠렸다

바람꽃

저 혼자 바람언덕에 서서
하루 종일 몸을 흔드는 꽃

죽을 힘을 다해 뱉어내는
꽃향기가 별거 아닌 것처럼
그리움을 허공 속에 던졌다

오늘도 기억의 손을 잡고
소원을 진실하게 비는 꽃

세월이 상처를 아물게 해도
사랑은 한때의 바람이라고
마음을 바람 속으로 옮겼다

오월 보리밭

둥근 추를 흔들어서
제 할 일 다 하는 벽시계
종소리로 게으름을 다그쳤다

바스락거리는 바람 소리에
새파랗게 질린 오월 보리밭

종달새 솟구쳐 울면
아이를 찾아 헤매는 문둥이
보리 꺾어 피리 불며 오는가

기다리는 마음 그대로인데
허기가 다리 절며 걸어왔다

단칸방

시간이 한방향으로 흘러가도
눈뜨고 바라볼 수 없는 공간
기억이 물거품처럼 부서지고 있다

다시는 부서지지 말자 다짐해도
하루가 흘러 머무는 곳은 단칸방
공복에 들이켠 소주 한 잔이
하얀 얼굴을 노을빛으로 물들였다

따뜻한 아랫목이 따로 없는 방
허튼수작에 놀아나도 괜찮은 방
달과 별을 불러들이는 창이 달린 방

애써 빛바랜 추억을 쓸어내면
풀 먹여 다린 옷 같은 젊음이 가고
묵정밭처럼 먼지 쌓인 방에서

생솔 태우는 매운 연기가 흩어졌다

시든 꽃잎이 황혼인 줄 모르고
어제를 잊고 내일의 안부를 물으면
낮 시간과 밤 시간이 같은 벽시계가
종소리로 하루의 간격을 구분했다

시간에 맞물려 돌아가는 인생이
꽃 한 송이 빈 소주병에 꽂아놓고
속없는 인간복제품처럼 드러누웠다

물맛

갈증을 풀어주는 한 모금 물이
닫힌 마음 환하게 열어주어도
그대 없는 세상이 무슨 소용인가

우물 속으로 추락하는 욕심은
아침 고요를 비질하는 햇살
두레박줄을 이어 길어 올릴 때
한 번 던진 돌팔매에 놀란
현실의 줄은 누가 잡아당겨 줄까

푸른 잎을 붉은 잎으로 바꾼
노을빛이 바람에 흔들려도
넋을 홀리는 공동묘지 여우처럼
등불을 찾아 날아가는 불나비
밤하늘 별빛을 빨아먹는 갈증에
이제 빗소리마저 잃어버린
바닥난 저수지는 홀로 고독했다

가뭄에 시달리다 달아오른
몸을 식혀주는 빗방울 떨어지고
빗물이 강처럼 넘쳐흘러
차디찬 물이 가슴까지 차올랐지만
그대 없는 사랑이 시들해지면
목 축여주던 물바가지 금이 갔다

불면의 집

한밤중 달빛이 고요해도
가슴에 맷돌 올려놓고 살았다

잠이 오지 않는 깊은 밤
달빛이 담장을 넘어와
불면을 생생하게 늘어놓으면

속 쓰리게 하는 울화병
권태기에 이골 난 시간으로
그대 그리움 힘겹게 갈아냈다

이슬이 풀잎에 차갑게 맺히는
어둠 끝에 불면의 집이 있다

꽃잎과 나비

꽃잎 하루 종일 눈 둘 곳은 오직 푸른 하늘뿐이야
나비 다시는 못 만날 인연으로 다가가곤 했는데
꽃잎 나비를 불러들이는 꽃이 자유로운 영혼이겠지
나비 아무도 모르게 스친 첫 입술을 기억하고 있어
꽃잎 날마다 천적이 없는 동물처럼 몸이 허약해져
나비 이글거리는 태양 머리에 이고 한참을 날았어
꽃잎 하얀 양들의 세상에 사악한 마음 내보이긴 싫어
나비   눈부신 아침햇살에 풀잎 이슬이 말라가고 있어
꽃잎 누구나 태어난 순간이 죽음으로의 출발인가봐
나비 오늘밤도 빛바랜 시간이 수줍은 꽃잠을 기다려
꽃잎 처연한 일몰이 붉은 장벽을 쌓는 이별이겠지
나비 구속한 철창을 부수는 순간이 인연의 시작이야
꽃잎 밤마다 어둠과 공존하는 별들이 은실을 뽑아내
나비 창밖이 환해지면 잠든 물결은 깨어나 출렁이지
꽃잎 봄비 내려야 벌거벗은 나무 목욕할 수 있는데
나비 바람의 문을 활짝 열면 그 속이 다 들여다보여
꽃잎 별 하나가 흔적을 지우며 세상 끝으로 떨어졌어
나비 사람들은 부끄러운 사랑으로 남아있길 원하나봐

무덤

쏟아지는 별빛을 피하지 못하고
놀란 사람들이 바글거리는 세상
무엇을 남겨야 잘살았다고 말할까

그을린 부뚜막에 걸터앉아
찬밥 우겨먹던 시절은 어디 두고
한 번 질러두면 영원히
아무도 뽑아낼 수 없는 빗장
죽음의 문을 열고 들어간 사람 누구인가

밤을 산책하는 별들의 시간은
어둠의 문이 활짝 열려있는 무덤 속
현실을 움켜쥐고 방황했던 몸이
썩은 뼈로 형벌의 바퀴를 돌리고 있다

끝 모를 이별이 이어진 경계선

그대가 영원히 잠든 무덤은
암만 생각해도 지금 살고 있는 지하방
누구도 끊어낼 수 없는 인연으로
내 대신 별 하나 아무도 모르게 파묻고
욕심의 의미를 소상하게 물어보면

저기는 낙엽이 흩어지는 산골짜기
대답 없는 무덤이 저 혼자 쓸쓸했다

현대인

톱니바퀴를 맞물고 돌아가는
분주한 일상은 느슨해질 여유가 없다

일정하게 과대 포장된 꿈을 안고
낮에 잠자고 밤을 배회하는
쳇바퀴 돌리는 인생이 실패한 성공인가

성형수술병원 문전에서
자신의 주제를 모르고 어슬렁거릴 때
까맣게 잊은 배고픔의 서러움
보릿고개는 검색창에만 뜨는 추억인가

오직 명예를 찾는 사람들이
공허한 건강을 따지며 보리음식을 찾아도
현실은 고통으로 불 밝힌 문명국가

톱니바퀴를 잃어버린 전자시계처럼
소리 없이 밀려오고 밀려가는 사람들
반딧불이 보이지 않는 밤의 미백 효과에
강 건너 미래세상은 그리 환하지 않았다

밤새도록 거리를 방황해도 소용없는
문이 있어도 안으로 들어갈 수 없는 세상
현대인은 자신이 만든 공간에 갇혀
오차 없는 전자시계 운명으로 살고 있다

제3부 목줄 끊고 도주하다

미래의 사랑

지금의 사랑만이 사랑인가
기다리자 또 기다리자

발끝에 차이는 돌멩이 같은
도무지 헤아릴 수 없는 날들

제비는 날지 않아도
제비꽃 위에 봄이 앉아 있다

바람이 불지 않아도
바람꽃은 저 혼자 흔들렸다

내일의 사랑을 위해
이제는 붙잡자, 마지막 인연을

병따개

밀봉된 마음의 뚜껑을 따면
눈물이 한잔 술로 변하는가요

그저 마셔야만 하루를 견디는
유리병 속의 감정을 꺼내주세요

하늘을 가득히 덮은 먹구름
인간의 욕심은 어디가 끝인가요

죽음 같은 고통이 다가와도
한숨을 뱉어내며 참아야 하나요

그런데 나하고 무슨 상관인가요
몹시 취하도록 술병을 따주세요

목줄 끊고 도주하다

투명한 술잔을 깨트린 죄인가
속을 파내고 버린 껍데기
모르는 사람들이 떼로 몰려다녔다

기르던 개를 함부로 버린 죄인가
태양이 이글거리는 도시의 여름
사람들은 서로 물어뜯은 상처를 숨기고
개들의 습격을 대비해 철문을 닫았다

강물에 속을 해감한 바람은
올 때도 바람이고 갈 때 바람인데
낮달이 하얗게 현기증 앓는 시간
사람들은 바쁘다는 핑계로
핏물이 스며있는 목줄 끊고 질주했다

갈증 난 사람들은 녹물을 마시며

덜 익은 보리 이삭을 삶아 먹던
부황 든 시절을 이겨낸 기억으로
낯선 거리에서 유기견처럼 울부짖었다

비어있는 시간에 끼어든 일상처럼
끓는 물도 얼어붙은 물도
한군데 오래 두면 다 같이 미지근해지는데
끊어진 목줄이 걸리적거리는 도시의 밤
질주하는 사람들이 별을 하나씩 토해냈다

맹지와 개망초

지금은 춘곤증에 시달리는 봄
외지와 길이 연결되지 않았을 뿐인데
사람들은 눈먼 땅이라고 불렀다

냇가에는 벼락 맞은 수양버들
물오른 가지 꺾어 부는 버들피리 소리가
꿈꾸는 봄 한가운데를 관통할 때
맹지에 마음대로 뿌리박고 사는 개망초

대륙의 철길 따라 들어와서
길 없는 땅에 화해의 길을 닦아주고
줄기 끝에 구름 꽃을 늘어놓은 개망초

무딘 감각으로 세상과 경계를 지은
묵정밭 모든 곳을 차지한 채
가까이 있는 사람에게 행복을 주고

멀리 있는 사람은 가까이 오게 한다며
농부의 등에 고통을 얹혀주는 풀

팽팽했던 시간이 느슨해지는
맹지를 자신의 영토처럼 비집고 들어와
길이 생기면 꿈이 지워진다는 조바심에
김맬 수 없이 우거진 개망초 밭을 만들고
호미 든 사람은 들어오지 말라고 경고했다

참꽃

아프지 않은 고집처럼
순리대로 흘러가는 시절
봄 기슭에 솔바람 불었다

눈 녹은 물이 흐르면
마음이 가만히 아린 양지
그대 그리움 참꽃이 피었다

가슴을 삐쭉 뚫고 나와
산길에 서 있는 그대 생각이
분홍빛을 한 잎 따 물었다

창밖은 비

얼룩진 유리창을 내다보며
답답한 마음 닦을 때
멀리 비 젖은 그대가 보였다

그리움 닦고 다시 내다보면
하얗게 출렁거리는 풍경
비 젖은 나무가 홀로 서 있다

바라볼수록 더욱 외로운
닦아내도 소용없는 기다림에
내 마음이 풀잎에 눕고 말았다

춘화현상

1
뼛속까지 얼어붙게 하는
겨울잠은 칼날보다 두려운 공포
찬바람에 떠는 풀씨 속에
바위 같은 응어리가 자리 잡았다

아랫목에서 등허리를 지져도
핏줄 타고 쑤셔오는 계절 통
실버들 늘어진 봄은 멀리 있는데
달빛이 밤새도록 뒤척이고 있다

2
지난봄에 깨물었던 감꽃 향기가
혀끝에 알싸하게 남았는데
햇빛을 차단하는 구름이 몰려와
자작나무 숲에는 함박눈이 내렸다

진달래꽃 붉은 가슴을 소망해도
쭉정이처럼 고개 쳐든 그리움
겨우내 쌓인 눈은 언제 녹아내릴까
걸을 때마다 마음이 미끄러웠다

3
익숙하게 숨구멍을 틀어막았던
겨울 고통이 어제 일처럼 사라지고
죽음 속에서 부활하는 순리
한데서 잠자던 생명이 꿈틀거렸다

해풍이 상륙하는 길목에서
우중충한 겨울옷 한 꺼풀 벗어내고
어느새 봄 열차에 환승한 풀씨
실눈으로 세상을 바라보았다

인생 위에 핀 꽃

비린내가 퇴적물로 쌓이는 세상
마음의 거울은 청춘을 비춰주는데
현실의 거울은 얼굴 주름을 비춰주었다

만나면 인연 아닌 것이 없는데
찰나를 다부지게 움켜쥐고
처마 끝에서 수직으로 떨어지는 낙숫물
다듬잇돌 같은 가슴 어디까지 뚫었을까

바람 한입 베어 문 허기진 갈증은
풍경이 가라앉은 거리의 일상
사방에서 밀려든 안개의 흰 어둠인 듯
사람들이 눈뜨기 전 나팔꽃 피었다

어둠의 침묵으로 생겨난 태양이
눈부신 아침을 팽팽하게 끌어당길 때

빛의 각도를 피해 널브러진 그림자
하얀 피부를 가진 거울에 검버섯 피었다

시간의 조각들이 낙엽처럼 흩어져도
도저히 차단할 수 없는 황혼 빛
해마다 한 줄씩 그어지는 나이테가
걸어가는 인생 위에 원죄의 꽃으로 피었다

거울 속 영혼의 꽃으로 핀 나이가
바람이 낙엽을 비질할 때 몸서리쳤다
가슴에 악착같이 달라붙어 기억을 갉았다

어둠의 명령

대문 밖에서 뭐해
어서 안으로 들어오지 않고
밀려온 어둠이 명령했다

이제 세상을 끊고 살아
그 나이에 무얼 더 바라는가
표정 없는 어둠이 명령했다

밥은 주는 대로 먹어치워
싫어도 싫다고 말하지 마
내 명령 외에는 다 내다버려

거역할 수 없는 그대 명령
한 번도 대꾸하지 못하고
네 분노를 내 가슴에 묻었다

아침 안개

강 언덕은 산발한 억새꽃
아침부터 물빛 바람 불었다

발에 걸리는 게 없어도
하얀 길을 혼자서 허둥댔다

안개가 눈앞을 가렸는데
물새들은 어디로 날아갔을까

산등마저 물 향기로 덮은
아침 안개가 소리 없이 흘렀다

채송화

햇빛이 들끓는 여름화단
물 샐 틈 없이 묶은 추억의 매듭
바람의 끈을 붙잡고 따라가면

키 크는 약 달여 먹어도 소용없이
걸을 때마다 뒤뚱거리는 몸매
채송화가 해를 머리에 이고 앉아 있다

이글거리던 사랑의 눈빛
부스럼으로 돋은 열꽃을 삭히며
금 간 마음을 꿰매고 있는 채송화

민들레 사랑이 멀리 날아갔어도
오직 그대 기다리는 마음이
짧은 목을 더욱 길게 늘이고 있다

믿음으로 순종하는 몸이
반달이 떠 있는 허공을 바라보며
몸길이 비교하던 마음 누그러트리고

어둠을 헤집고 별이 떠오르면
밤마다 기다리는 약속의 땅에서
별을 가슴에 복제하는 키 작은 꽃

하룻밤 사이 불꽃이 시들어도
다리 짧은 발걸음이 분주한 채송화
그대를 이별 없는 운명으로 만났다

매화

밤이 깊을수록 사나운 울음
된바람이 잠든 몸을 헤집을 때
어둠의 강을 건너가는 조각달

숨어 배앓이 하는 산비둘기가
묵은 사랑을 한 꺼풀씩 벗겨내도
찬바람이 불어대는 아직은 겨울

산사에서 울던 풍경소리가
가까이 다가와 고요를 덜어가도
대문 밖에서 혼자 허둥대는 마음

더디 오는 봄을 기다리던 날
세상이 추워 못 살겠다 소리치면
곁의 사람들은 아예 귀를 막았지만

밤 추위에 떨던 별이 사라진
눈부신 햇살 언덕에서
새하얗게 꽃망울 터뜨리는 매화

어둠이 깔린 기억 속으로 떠난
그대 생각이 눈물을 찍어내도
작년처럼 흰 꽃잎이 휘날리는 정원

산비둘기 혼자 울고 간 그 길에
봄비 내리면 영영 이별인데
어제의 그리움을 붙잡고 있는 나무

봄이 오는 길

꾸물거리던 봄이
겨울 뒤 끝을 잘라냈다

저녁노을 바라보았더니
아침에 진달래꽃 피었다

노랑저고리 빨래했더니
울타리에 개나리꽃 피었다

그대 돌아오는 길
양지꽃이 앉아 웃고 있다

돌 톱날

세월이 박힌 돌을 자르다
내 생애가 모두 닳고 말았다

절단의 끝은 아직 멀었는데
가슴에 고인 눈물이 말랐다

팽팽하게 돌아가는 위험이
현실을 쉬지 않고 밀어냈다

풀씨에도 핏줄이

죽음으로 들어가는 공포
낮은 곳으로 흐르는 물처럼
태양이 저 혼자 기울면
핏줄 터진 풍경이 저녁노을인가
대지 곳곳에 흩어진 풀씨가
노을빛 붉은 피가 필요하다고
밤새도록 목 아프게 외쳤을 때
달마저 저 혼자 기울었다

먼지 같은 풀씨가 바람 속에서
팽팽하게 조여야 소리 내는
악기 줄 같이 큰 소리로 울어도
노을에 물든 마음은 간 곳이 없고
무작정 가속으로 달리는 세월
꽃자리마다 차가운 이슬 맺혔다

뭇사람에게 짓밟히는 아침
살갗을 적시는 빗방울 떨어지면
세상 곳곳에 피를 보내는
대지의 심장은 다시 꿈틀거리고
마른 갈증 위에 불거진 핏줄
헐벗은 몸으로 잠자던 풀씨가
저절로 부르튼 입술을 내보였다

삘기 풀

허기진 시절을 적셔주는
뒷동산 진달래꽃 누가 따먹었을까
산새가 가슴 시리게 울 때
허공으로 돌멩이 하나 집어던졌다

눈물을 비켜 상엿집 가는 길
살 오른 찔레 순 누가 꺾어먹었을까
흰 꽃을 잃어버린 침묵 하나
입술마저 메마른 가뭄 속에 묻었다

바람 불어 연못이 출렁거려도
배고픔은 끊어낼 수 없는 고통
하루 종일 낮달의 하얀 독백 들으며
길가에서 힘겹게 자라는 삘기 풀

바닥까지 흘러내린 가난의 끈은

병든 잎이 붐비는 보릿고개
멀쩡했던 아랫배가 아파올 때마다
연신 길가의 삘기 풀 뽑아 씹었다

아직도 선홍빛이 스며있는 입맛
헐떡이던 가뭄이 떠났어도
허기를 달래는 슬픔 혼자 질겅거릴
삘기 풀 뽑아 질긴 풋내를 털어냈다

제4부 너의 우주로

꽃잎의 문

나비가 꽃잎에 앉았을 때
나하고 상관없는 일이라고
마음의 문을 굳게 닫았다

꽃잎이 눈물을 찍어내면
나비가 손댄 헤픈 꽃이라고
나는 대문을 걸어 잠갔다

바람이 구름을 밀고 가도
아무것도 보이지 않는
지금은 밀려온 안개꽃 세상

꽃잎에서 빠져나온 영혼이
대문을 지친 빗돌에 걸려
그 자리에 주저앉아 울었다

밤별

천년이 묻힌 시간을 붙잡고
어둠에서 간신히 골라낸 별
이 밤을 지새우리라 다짐했지만
밤이 깊어도 잠들지 못하는
고요가 젖은 옷처럼 몸을 감았다

눈꺼풀에 붙은 졸음이 무거워
남모르게 눈 한번 감았을 뿐인데
저 혼자 눈물 없이 떨어진 꽃잎
별이 은하수 건너 멀리 가고
그사이 창문이 조금 더 환해졌다

꽃무릇

위험한 생각을 미리 치웠어도
죽을 때까지 이루지 못한 사랑

나뭇가지마다 눈꽃이 피고
철새가 가슴 시리게 울 때
바가지 닳도록 바닥을 긁었는지
겨울 내내 헤프게 줄어든 쌀독

벼랑 끝에 서 있는 사람들에게
언제 바람 불지 않은 날 있었던가
참았던 울음 눈물이 떨어지면
잔설이 남아있는 산기슭에
파란 잎이 언 땅을 뚫고 나왔다

끼니를 거른 허기가 침전한
눈 녹은 물이 질척거리는 땅에

데쳐 버무리는 봄나물 시간이 오고

진창마저 말라붙은 봄 가뭄에
올 농사 절단났다고 소리 질러도
칼처럼 꼿꼿하게 서 있던 파란 잎
그해 여름 그을린 몸으로 떠났다

울렁증이 번진 노을 하늘은
왔던 곳으로 돌아가고 싶은 마음
잎 진자리에 꽃대궁이 솟아오르고
산사 가는 길에 붉은 꽃 피었다

달밤에

밤바람에 녹아내린 생명체
창문 밖에서 기웃거리던 달빛이
살아있는 뱀처럼 미끄러졌다

어둠에서 무엇을 따려 했는지
빨랫줄에 기대고 있는 바지랑대
긴 손으로 허공을 저으면
가끔 희미한 별빛이 손끝에 걸렸다

하늘의 사랑을 운반하는
불나비가 전등불에 몸을 던지고
바닥에 떨어져 낙엽처럼 뒹굴어도
달은 지붕을 밟고 침묵으로 떠 있다

안과 바깥 차이가 없는 현실
뽀얀 속살을 파낸 하현달이

무릎뼈를 삐걱거리며 걸어가면
단맛을 밝히는 사람들은
꿈을 연결하는 인연의 줄을 끊고
그럴 리가 없어 밤풍경을 부정했다

달의 눈물이 가슴에 고여 있어도
빛을 반사할 수 없는 어둠은
아침의 경계선 담장을 밟고 떠났다

필연

눈치 없는 사람들이
서로 엇갈린 길을 걸어가도
낮달은 저 혼자 떠 있다

기다림을 문 앞에 내놓아도
하늘을 저어가는 새
어느새 초저녁별이 눈을 떴다

달과 별을 구분하는
어둠이 이별을 보여주었어도
그대 생각은 억누르지 못했다

사랑과 이별

사랑   영혼을 영글게 하는 바람이 불면 좋겠어
이별   세상 사람들 대부분은 첫 순간을 기억하지
사랑   추억은 가슴에 깨알같이 쓴 일기인가 봐
이별   해가 서산에 도착하면 새는 둥지로 돌아와
사랑   우리는 둘이지만 하나의 마음으로 살고 싶어
이별   청춘은 몸의 곡선으로 눈동자를 흐리게 해
사랑   눈물을 잃어버리면 사랑도 잃어버린다는데
이별   바람의 날카로운 칼질에 숨이 끊어지겠지
사랑   마음을 비웠다는 거짓말은 어디가 끝일까
이별   장대비 쏟아지는 현실은 주체 못할 광란이야
사랑   한 모금의 술이 용서하는 마음일 수도 있어
이별   하얀 홑이불 펼쳐놓은 풍경이 추운 겨울이지
사랑   열병 앓는 해바라기는 그래도 여름이 좋을까
이별   미련은 지난날에 볼 장 다 본 삶의 찌꺼기야
사랑   살갗에 점점이 박힌 그리움 남김없이 닦았어
이별   가시 같은 바람이 어서 떠나라고 야단치는데
사랑   귀 기울이지 않아도 낮달의 심장 소리가 들려
이별   죽음보다 보이지 않는 세월의 손이 더 무섭지

정오

1
틈 들일 새 없이 지나가는 시간
파란 하늘이 낮달의 여백일까
빨랫줄 붙잡고 핀 나팔꽃이 시들면
나비는 입맛 다시며 담장을 넘어갔다

태양이 머리 꼭대기에서 이글거리고
마음에 점찍는 사람들이 붐비는 거리
골목 텃새가 날아와 지저귀어도
소음처럼 아무도 거들떠보지 않았다

2
위험한 가시를 간직한 넝쿨장미가
철조망 대신 허기진 가슴을 휘감고
가쁜 숨으로 끼니를 연결해도
벽시계는 한가하게 정오를 가르켰다

하릴없이 너울거리는 나비
참새가 나비의 날개를 낚아채고
잔인하게 몸통을 쪼아야 할 시간인데
참새는 오직 사람들 틈에서 분주했다

3
헐렁한 속을 채우려는 사람들이
무의식 속으로 빨려 들어가는 골목길
구태여 풍경을 그려내지 않아도
하루 중 정오의 그림자가 가장 **짧았다**

모여 있던 시계바늘이 흩어지는
시간에서 정오의 영혼이 빠져나가면
다시 고단하게 움직여야 할 노동
가슴이 오그라드는 오후가 도착했다

너의 우주로

나의 세상에서 현실을 물고
너의 우주로 날아가는 시간도 잠시

깊이를 알 수 없는 침묵으로
애써 생의 속도를 늦추지 않아도
고개 숙인 해바라기의 꿈은
불 지핀 아궁이 오직 태양뿐이었다

파란 하늘 끝까지 뚫는
사람들의 솔직한 마음이 우주인데
기억의 부품 하나 교환하고
투명해진 눈으로 무엇을 찾는가
머뭇거릴 새 없이 어둠이 내리면
먼 하늘 빈 곳에 닻을 내리고 피는 꽃
아득한 섬처럼 별 하나 떠올랐다

깨진 꿈이 눈물 사이로 날아가도
서로 꼬리를 물고 흐르는 별빛
핏발선 눈으로 바라보면
바람에 밀리다 피멍 든 파도처럼
나의 꿈이 너의 공간으로 이동하고 있다

내려놓지 못한 무게에 뒤틀린 마음
추락하는 죽음은 누구에게나 한순간

꿈속의 그대

날카로운 장미가시가
이별의 말을 대신했어도
그대는 달빛을 밟고 왔다

기적소리 잠든 정거장
마지막 기차가 떠났어도
그대는 문을 열고 들어왔다

눈 뜨기 싫은 밤마다
은하수 흐르는 오작교에서
그대가 별을 하나씩 따줬다

마음의 편지

마음의 편지는
주소가 없어도 간다

지친 사람에게는
시들지 않는 태양으로

어두운 밤길에서는
쏟아지는 별빛으로

다리가 없어도
그대를 찾아서 간다

마음의 편지는
언제나 사랑으로 간다

호수의 태양

태양이 빛을 내려주면
유리처럼 속이 비치는 호수
날카로운 발톱을 가진 바람이
잠든 수면을 할퀴고 갔다

태양이 눈부시게 불타면
물결은 주체할 수 없는 마음
몇 날을 굶은 물새처럼
하얀 날개를 펼치고 출렁거렸다

태양이 서산으로 기울면
호수는 큰 입을 벌린 짐승
노을이 붉은 꽃잎을 게워낼 때
숲의 풍경을 모두 집어삼켰다

빛을 덮는 어둠이 내리면

별을 가슴으로 끌어안는 호수
나무가 수분을 우듬지까지
쉽게 끌어올리도록 숨을 참았다

다시 눈부신 아침이 오고
나비가 날아와 너울거릴 때까지
현기증을 반사하는 수면
태양이 호수 잔등을 긁어주었다

나비의 부활

외진 바다에 주저앉은 섬처럼
고독한 죽음에서 태어나야 부활인데
어린 벌레는 하늘을 날고 싶은지
오늘도 나무줄기를 붙잡고 기어올랐다

속마음을 현실에 대질하며
힘겹게 허물을 벗어 던진 나비는
본능의 더듬이를 치켜세우고
눈 녹은 물이 흐르는 계곡을 빠져나와
바람 잠든 허공을 마음대로 저었다

연신 식은땀을 뜨겁게 흘리며
오직 꽃잎 찾아가는 순례길
풀벌레 울음이 바람의 잎을 갉고 있는
구름이 손에 닿는 지평선에 도착했지만

우거진 수풀 가운데는 꽃들의 궁전
사랑의 불을 화려하게 지핀 저녁노을
고단한 하루 내려놓고 나무에 앉은 새

어둠에 기대고 있던 별이 사라지고
불꽃이 옮겨붙는 태양의 아침
날카로운 부리로 먹이를 쪼는 새처럼
부활 상관없이 죽음을 사랑한 나비가
꽃잎에 앉아 그 속을 거칠게 빨았다

기도

종교는 사는 게 아닙니다
종교는 파는 게 아닙니다
혼탁한 이 시대에서
예수 장사하는 사람 누구인가요

우리 사는 벌판 끝으로
쉼 없이 불어대는 바람
신에게 가는 길이 힘겨워도
기도는 고독한 노동이 아닙니다

예수천국 불신지옥으로
더이상 협박하지 마세요
천국에 갈 수 없다 해도
믿음으로 기도하면 그만입니다

어탁

아쉬움이 모자라지 않는 한가한 일상
바람은 아침부터 익숙하게 수면을 헤집고
목줄 꿰인 물고기 비린내를 번들거리다
결국 죽음이 환한 물 밖으로 끌려 나왔다

아무도 얼씬거리지 않는 저수지 바닥에서
그대는 무엇으로 물의 침묵을 헤집었는가
가라앉은 꿈이 다치지 않기를 바랐지만
생각지도 못한 긴 죽음이 기다리고 있었다

피부에 하얀 나이테를 새긴 비늘의 세월
함께 헤엄치던 잔챙이들은 어디 갔을까
집으로 돌아가고 싶은 소망 아무 소용없이
물결치던 한 생애가 검은 화석으로 남았다

채석장에서

검은 기억이 우글거리는
바위산 뱃속까지 구멍 뚫고
촘촘히 밀어 넣은 폭약이
몇 개의 관에서 일제히 폭발했다

연기 같은 분진을 쏟아내며
사방으로 흩어지는 돌조각
본래 핏줄이 없는 몸이었는지
피 한 방울 맺히지 않는
바윗덩어리가 무수히 나뒹굴었다

용서하는 기도가 시간낭비인가
아픔은 바람 타고 흘러야 하는가
바위산을 쪼개야만 채석장인가

굳은 살 박힌 세월을 깨뜨리고

어수선한 돌의 질서를 골라내도
쉽사리 발굴되지 않는 유물
여간해서 아물지 못하는 상처가
신이 인정한 사람들의 자유였다

제 빛을 잃어버린 채석장
이미 화석이 되었을 지도 모를
다시는 깨질 수 없는 돌의 영혼이
건너편 산으로 자리를 옮겼다

죽음 같은 더위

지금은 더위가 몰려드는 여름
바닥을 드러낸 저수지처럼 갈라진
피부의 허물이 벗겨질 때
검게 그을린 마음은 몹시 쓰렸다

차갑게 흐르는 강물도 소용없이
태양이 뿌리내린 불의 원산지
감자 삶는 무쇠솥같이 달아오른
진땀이 등껍질 곳곳을 뚫고 흘렀다

바람이 무딘 감정을 쓸어주어도
성벽을 쌓은 더위 속에 갇혀
불어터진 땀을 닦아내지 못하고
그늘을 징검다리처럼 밟고 살았다

햇빛이 아무리 너그러워도

메마른 의지가 투명해질 때까지
풀어지지 않는 불 먹은 갈증
여름이 철새처럼 떠나기를 기다렸다

털갈이인 듯 시간마저 헝클어진
세상을 불태운다는 태양의 위협에
구름 한 점 없는 하늘이 열리고
사람들은 떨어진 꽃잎으로 시들었다

제5부 메마른 도시

무심

무엇을 채워도 부족한
사랑의 감정은
자장면과 짜장면 차이인데
피었을 때 꺾어온 꽃
시들면 버리고 싶은 심술이
인연을 던지는 마음이다

퍼내도 마르지 않는
지독한 외로움도
지나고 나면 그저 바람인데
밤하늘에 눈뜬 별들은
같은 말을 따로 듣는지
한 번도 시끄럽지 않았다

이런 말

몇 날 굶은 사람 곁에서
맛있는 음식 혼자 먹으며
남의 눈치 볼 것 없어
이런 말은 죄가 되지 않지만
양심이 풍경으로 비쳐진다

저 혼자 핀 들꽃 앞에서
다른 사람 잘못을 꺼내며
너 때문에 나는 못 살아
이런 말은 따질 것도 없이
하늘이 다시 너에게 보낸다

메마른 도시

질서가 불안한 혼돈 속에서
어둠을 문밖으로 밀어내는 고통
혼자 사는 이유를 배우는데
가슴 조이는 시간이 너무 길어
지나친 음주로 속이 녹아내렸다

새살 돋을 때까지 참아야 하는
메마른 도시에 찬바람 불고
취한 몸이 걸어가는 달빛 거리에
폐지 조각이 낙엽처럼 뒹구는 시간

넘어져라 무조건 넘어져라
떼창을 불러 젊음이 압사할 때
차가운 순종 건망증을 앓는
사람들은 무엇을 보고 놀랐는지
죽음 앞에 꽃 한 송이 던지고
아무도 모르게 골목을 빠져나갔다

혼돈의 빛이 길을 막으면
도시의 꽃잎은 흰색으로 변할까
국화꽃이 작별을 대신할 때
부활의 향기는 사방으로 흩어지고
메마른 눈물이 부서져 내렸다

달의 소멸

고요한 하늘에 그물을 던지면
어둠에서 부화한 별이 걸려 나왔다

제 살 뜯어먹고 사는 형벌
살아있는 별 하나가 불빛을 비켜
자갈물린 소리 내며 울어도
달은 밤하늘에서 불면증을 앓았다

싸늘하게 식은 바람이
빛을 밀어낸 산마루에 걸터앉아
흙탕물로 변한 허공을 바라보면
이미 지친 달은 한쪽으로 기울었다

살아있던 이름을 새긴 비석에
또 다른 생명 이슬이 맺히는 시간
달맞이꽃이 온기를 던지고 피었어도

아직도 석류알처럼 붉은 달
양철지붕 위에 소나기 쏟아지는
시끄러웠던 세상을 말없이 건너갔다

마지막 한 꺼풀 빛의 옷을 벗는
사랑의 불이 꺼질 때까지
사연을 묶어 서쪽으로 끌고 가던 달이
나뭇가지에 걸려 숨을 헐떡거렸다

야인

기다려주는 사람이 있으면
혼자 살아도 외롭지 않다고
야인은 아무것도 묻지 않았다

새까맣게 밀려오는 파도에
마음이 물방울처럼 부서져도
야인은 한 번도 놀라지 않았다

꽃잎 지는 길에서도 야인은
숨통 조이는 인연을 끊어내고
빛을 향해 불나비처럼 돌진했다

침묵이 이끼처럼 슬은 고목
아픔 없는 상처 없다고
야인은 아무 말도 하지 않았다

소나기

꽃잎에 앉은 나비 날자
흰구름은 먹구름으로 변하고
곧바로 장대비가 쏟아졌다

파란 녹으로 덧칠한 가슴
세월이 베어낸 나무 등걸에
빗물은 발을 얹고 흘렀다

눈 깜박할 사이 허공을 찢는
벼락은 빛으로 피는 찰나의 꽃
나머지 기억마저 쓸려나갔다

흙탕물이 집어삼킨 세상
붉은 토사가 덮친 자리에
불어터진 마음이 북적거렸다

뗏목의 노래

아직도 못 다 부른 노래
지난겨울 냉해 입은 낮달이
창백한 얼굴 내보여도
황새 여울 비켜 가는 떼꾼들은
거친 목소리로 노래 불렀다

강물에 뜬 뗏목은 이별
웃다가 울다가 실성 들린
한 생애가 물결 따라 흘러도
쉼 없이 길 가르기하는
물새의 사랑노래는 즐거웠다

가슴응어리 풀어내는
물거품은 부서지는 하얀 꽃
무엇이 남아있는 소원인가
태양 불에 얼굴 그슬린
떼꾼들은 꿈길을 찾아서 갔다

포구에 얼추 다다랐을 때
강 흐름을 빠져나가는 뗏목
세월이 불을 지펴 익어간
이 사랑은 무엇으로 저어갈까
떼꾼들이 노래를 길게 불렀다

오늘밤

사는 것이 본능이라 해도
죽음에 한 발 더 가까이 가는
시간은 한 번도 멈추지 않았다

노을이 때늦은 황혼이라 해도
눈물 찍어내던 꽃잎은 시들고
문고리 걸어 잠근 저녁이 왔다

새들이 날아간 어둠의 숲
외로운 풍경이 따로 있는지
초승달 곁에 별 하나 떠올랐다

사랑은 하늘을 저어가는 배
달과 별이 헝클어진 눈빛으로
손 내밀어 야행성을 확인했다

까닭 없이 헐거워지는 시간
오늘 밤은 무엇을 붙잡고 있어야
흔들리는 마음이 고정될까

등불에 몸을 던지는 불나비도
밤바람에 몸살 앓는 나뭇잎도
별처럼 뜬눈으로 뒤척였다

창을 열고 들어온 달빛이
가시같이 성가시게 찌르는 밤
강물이 옷을 벗고 차갑게 흘렀다

꽃상여

이승을 꽃처럼 살자더니
무슨 사연 있어 먼저 시들었나

숨죽여 보이지 않던 바람이
나뭇잎 흔들어 그리움 내보이면

아무리 화려한 깃을 가졌어도
슬픈 목소리의 새는 슬프게 울고

원치 않는 이별 그대 사랑을
공동묘지로 싣고 가는 꽃상여

인연을 꽃으로 꾸미자더니
무슨 까닭으로 혼자 길 떠났는가

순리대로

서로 어긋난 일상을 살면서
울어도 눈물 없는 철새처럼
순리대로 먼 길 떠나는 고행

왔으면 그냥 가는 거지
왜 머무는가를 물어보면
사람을 먼저 섬기라고 한다

외딴집 같은 고독이 밀리는
생의 종점이 두려워도
사람의 소리를 들으라고 한다

형틀을 지고 간 언덕에서
꽃을 마음대로 꺾어도
꽃은 아프다고 말하지 않는다

기압골

아픈 상처를 덧나게 하는
핏물 번진 노을이 꽃잎이었을까
서로 간격을 좁힌 기압골이
어둠과 상관없이 바람을 불러왔다

달빛이 유리창에 얼비쳐도
기압골은 등고선을 밟고 서서
목안에 박힌 가시처럼 삼킬 수 없는
아픈 입을 가리고 헛구역질했다

길을 잃어버린 사람들이
헐벗은 가로수처럼 길게 서 있어도
도로 한가운데를 질주하는 바람
현실의 부속품이 오작동하기 시작했다

거리에서 난폭하게 깨어난 소음

무작정 덤비는 힘은 언제 소멸될까
극단적 선택을 불러오는 기압골에
별을 삼킨 호수는 밤새도록 출렁거렸다

눈을 부라리고 서 있는 장승이
바람을 돌아가게 하는 이정표인가
좁은 기압골의 간격이 늘어났을 때
눈부신 태양의 아침 바람이 잔잔해졌다

살다 보면

배고픈 아기가 젖 달라고 칭얼대던
그 밤도 별들의 숲은 고요했지

어둠에서 들려오는 아기 울음소리
게으른 시간이 허기진 밤을 지배하는지
개가 꼬리쳐야 할 아침이 더디 왔다

모두가 텃새처럼 소박한 꿈 꾸는데
가슴에 욕심을 한가득 들여놓고
아픔을 불러오는 목소리로 물어뜯는
누가 정치에게 전능한 힘을 주었을까

밥 한술에 앞니 드러내고
엎드린 굴욕이 아무것도 아닌지
이제 말 배우는 구관조처럼
양심에 대꾸하며 변명하는 사람들
잔인한 원죄는 무엇으로 다스려야할까

짐승 같은 사상이 자유를 짓밟아도
지금은 서로 살을 파먹는 저들의 시간
오로지 하나의 목적으로 진격하고
드러낸 독선으로 국민의 가슴을 찔렀다

인연의 막다른 골목에 머무는 정치
살다 보면 보란 듯이 밀어낼 날 있겠지

겨울이 떠날 때

바람만 스쳐도 아픈
통풍 든 가슴이 무너지고
봄의 잔물결처럼
언강이 녹아내리기 시작했다

잊어야할 것이 무엇인지
눈길 한번 주지 않았던
겨울 사연이 강물처럼 흘러
가슴에 들어와 북적거렸다

겨우내 팔짱끼고 지켜보다
이제서 시린 발을 옮기는 봄
굳어있던 몸속의 피가
응어리를 풀고 돌기 시작했다

노후대책

이름이 지워질 때까지
술잔을 채워주는 사람 곁에
나무처럼 뿌리박고 살자

지금 그런 사람이 없으면
빈 잔에 달빛 가득 채워놓고
바람 문을 열고 기다리다가

숨어 의뭉 떨어도 좋은
마음대로 희롱당해도 괜찮은
오직 그런 사람을 만나서

민둥산 넘어가는 길
세상 빛깔 상관하지 말고
발에 힘주어 함께 걸어가자

어둠에서

시간이 바뀔 때마다 가슴 치는
시계는 종소리로 허기를 토해냈다

언제나 마지막 노을은 황혼
어둠의 주머니를 뒤적거리다
현실을 증오하는 영혼 꺼내놓으면

밤무대에 등장하는 별 같은
신의 존재를 알고 믿는 사람은
이 세상 누구보다 미련한 사람이지만
신의 존재를 모르고 믿는 사람은
어울림으로 사는 현명한 사람이다

빛 차단하는 장막을 둘러치고
쉼 없이 어둠을 젓는다고
손이 까맣게 물드는 건 아니지만

너무 어두워 투명해진 풍경
사람들은 불 밝히는 생각을 잊고
별이 사라질 때까지 바라만 보았다

유성이 찢은 밤하늘을 꿰매고
시간이 침전된 어둠에서
가슴에 뭉쳐있는 신경질을 풀어내는
달의 시간이 이렇게 긴 줄 몰랐다

동강난 버드나무

1

큰물이 밀려온 작년 여름
바람이 속을 있는 대로 파먹었는지
시냇가 버드나무가 동강났다
나무허리에 둘러친 금줄도 소용없이
용트림 전설이 한순간에 무너졌다

2

달이 기울고 별이 잠들었을 때
등불처럼 꿈을 밝혀주던 나무가
물소리 들리는 냇가에 드러눕고 말았다
내리치는 벼락불 피하지 못하고
나이와 상관없이 무심하게 쓰러졌다

3

부러진 고목 등뼈에 철심을 박고
돌탑처럼 세워주고 싶은 마음

텃새가 소문을 물고 날았을 때
이 마을도 버드나무처럼 동강 날 거야
누군가는 사악한 저주를 불러왔다

4
온기가 물처럼 흐르는 아궁이에
연신 불을 지펴도 설익는 시루떡
구부러진 심성을 반듯하게 펴내는
소원을 정화수 떠놓고 빌면
돌아온 새들이 마을 인심을 쪼았다

5
동강 난 버드나무를 비켜 가도
전해지는 소식은 근심거리
그을린 속을 들여다보던 사람들이
현실에 길들여지기 시작했을 때
마을 이야기도 시냇물 따라 흘러갔다